# The Voices of the River And Other Bilingual Spanish-English Stories for Language Learners

Pomme Bilingual

Published by Pomme Bilingual, 2024.

While every precaution has been taken in the preparation of this book, the publisher assumes no responsibility for errors or omissions, or for damages resulting from the use of the information contained herein.

THE VOICES OF THE RIVER AND OTHER BILINGUAL SPANISH-ENGLISH STORIES FOR LANGUAGE LEARNERS

**First edition. December 27, 2024.**



ISBN: 979-8230901150

Written by Pomme Bilingual.

# Table of Contents

# El Mercado de los Sueños

En el corazón del mercado Benito Juárez, en la vibrante ciudad de Oaxaca, el aire estaba impregnado del aroma de especias, flores, y el inconfundible olor a maíz recién molido. Entre los puestos de frutas, textiles y hierbas medicinales, había uno que destacaba no por su tamaño ni por su colorido, sino por el misterio que lo envolvía.

El letrero de madera, apenas legible, decía:

"Sueños a la venta. Garantizado: uno por cliente."

El dueño del puesto era Don Emiliano, un hombre de cabello blanco como el copal y ojos oscuros que parecían contener siglos de secretos. En su mesa había pequeños frascos de barro, cada uno sellado con un tapón de cera. Los frascos no tenían etiquetas, pero los clientes afirmaban que su contenido era mágico.

—¿Qué clase de sueños vende, Don Emiliano? —preguntaban con curiosidad los recién llegados.

—El sueño que necesitas, ni más ni menos —respondía con una sonrisa enigmática.

Una tarde, Isela, una joven que vendía flores en el mercado, se detuvo frente al puesto de Don Emiliano. Había escuchado historias: una mujer que recuperó la memoria perdida, un anciano que volvió a caminar sin dolor, un joven que encontró el valor para declarar su amor. Intrigada, decidió acercarse.

—¿Cuánto cuesta un sueño? —preguntó, mirando los frascos.

—No tienen precio fijo. Tú decides cuánto vale para ti —respondió Don Emiliano.

Isela sacó unas monedas de su delantal y las colocó sobre la mesa. Don Emiliano tomó un frasco pequeño y se lo entregó con cuidado.

—Antes de dormir, abre el frasco y respira profundamente. Solo recuerda: los sueños no siempre son lo que parecen.

Esa noche, Isela siguió las instrucciones. Abrió el frasco y un aroma dulce y desconocido llenó su habitación. Al cerrar los ojos, se encontró caminando por un campo de girasoles bajo un cielo dorado. Allí, su madre, fallecida años atrás, la esperaba con los brazos abiertos.

Cuando despertó, lágrimas corrían por su rostro. El sueño había sido tan vívido que casi podía sentir el abrazo de su madre. Durante días, el recuerdo del sueño llenó su corazón de una paz que no había sentido en años.

Sin embargo, algo no encajaba. Isela comenzó a observar el puesto de Don Emiliano más de cerca. Notó que nunca preparaba los frascos en el mercado. Un día, decidió seguirlo al atardecer, cuando recogía su puesto y desaparecía por las callejuelas de Oaxaca.

Don Emiliano caminó hasta una casona vieja en las afueras de la ciudad. Desde una ventana, Isela lo vio trabajar. Frente a él había una mesa llena de hierbas, piedras y cuencos de barro. Pero lo que llamó su atención fue un libro grueso, con páginas amarillas y cubiertas de cuero, del cual parecía leer mientras preparaba los frascos.

Esa noche, Isela tocó a la puerta de la casona. Don Emiliano, sin sorpresa alguna, la invitó a entrar.

—Sabía que vendrías —dijo con serenidad.

—Quiero saber la verdad. ¿Cómo creas los sueños? —preguntó Isela, sin rodeos.

Don Emiliano suspiró y señaló el libro en la mesa.

—Este libro contiene los sueños de quienes han vivido antes que nosotros. Cada frasco es una conexión con sus recuerdos, sus anhelos y sus miedos. Pero cada sueño tiene un precio, y no todos están dispuestos a pagarlo.

Isela lo miró confundida.

—¿Qué precio?

—El precio no siempre es tangible. A veces, los sueños te cambian de formas que no esperas. Algunos encuentran respuestas, pero otros descubren verdades que preferirían no saber.

Isela tomó un frasco de la mesa y lo miró fijamente.

—Quiero saber más. Si los sueños contienen verdades, estoy lista para enfrentarlas.

Don Emiliano sonrió, esta vez con un atisbo de tristeza.

—Entonces este frasco es para ti. Pero recuerda, Isela: una vez que entres en un sueño, no podrás retroceder.

Esa noche, Isela abrió el nuevo frasco y se sumergió en un sueño que no solo cambió su vida, sino también su percepción del mundo. Al despertar, entendió que los sueños de Don Emiliano no eran simples fantasías, sino puertas a lo más profundo del alma.

A la mañana siguiente, regresó al mercado. Pero esta vez, no como cliente. En su mesa de flores, colocó pequeños frascos de barro, listos para ser llenados con los sueños que ella misma estaba aprendiendo a crear.

El mercado había ganado una nueva soñadora.

# The Dream Market

In the heart of the Benito Juárez market, in the vibrant city of Oaxaca, the air was filled with the scents of spices, flowers, and the unmistakable aroma of freshly ground corn. Among the stalls selling fruit, textiles, and medicinal herbs, there was one that stood out—not for its size or vibrant colors, but for the mystery that surrounded it.

The wooden sign, barely legible, read:

"Dreams for Sale. Guaranteed: One per customer."

The stall's owner was Don Emiliano, a man with hair as white as copal and dark eyes that seemed to hold centuries of secrets. On his table were small clay jars, each sealed with a wax stopper. The jars had no labels, but customers claimed their contents were magical.

"What kind of dreams do you sell, Don Emiliano?" newcomers would ask, curious.

"The dream you need, no more, no less," he would answer with an enigmatic smile.

One afternoon, Isela, a young woman who sold flowers at the market, stopped in front of Don Emiliano's stall. She had heard stories: a woman who regained her lost memory, an elderly man who walked again without pain, a young man who found the courage to confess his love. Intrigued, she decided to approach.

"How much does a dream cost?" she asked, eyeing the jars.

"They don't have a fixed price. You decide what they're worth to you," Don Emiliano replied.

Isela took some coins from her apron and placed them on the table. Don Emiliano picked up a small jar and handed it to her with care.

"Before you sleep, open the jar and breathe deeply. Just remember: dreams aren't always what they seem."

That night, Isela followed the instructions. She opened the jar, and a sweet, unfamiliar scent filled her room. As she closed her eyes, she found herself walking through a sunflower field beneath a golden sky. There, her mother, who had passed away years ago, waited with open arms.

When she awoke, tears were running down her face. The dream had been so vivid that she almost felt her mother's embrace. For days, the memory of the dream filled her heart with a peace she hadn't felt in years.

However, something didn't quite fit. Isela began to watch Don Emiliano's stall more closely. She noticed that he never prepared the jars at the market. One day, she decided to follow him at dusk, when he packed up his stall and disappeared into the alleyways of Oaxaca.

Don Emiliano walked to an old house on the outskirts of the city. From a window, Isela saw him at work. In front of him was a table filled with herbs, stones, and clay bowls. But what caught her attention was a thick book, with yellowing pages and leather covers, which he seemed to be reading as he prepared the jars.

That night, Isela knocked on the door of the old house. Don Emiliano, unsurprised, invited her in.

"I knew you'd come," he said calmly.

"I want to know the truth. How do you create the dreams?" Isela asked, bluntly.

Don Emiliano sighed and pointed to the book on the table.

"This book contains the dreams of those who lived before us. Each jar is a connection to their memories, their desires, and their fears. But every dream has a price, and not everyone is willing to pay it."

Isela looked at him, confused.

"What price?"

"The price isn't always tangible. Sometimes, dreams change you in ways you don't expect. Some find answers, but others discover truths they'd rather not know."

Isela picked up one of the jars from the table and stared at it intently.

"I want to know more. If the dreams contain truths, I'm ready to face them."

Don Emiliano smiled, this time with a hint of sadness.

"Then this jar is for you. But remember, Isela: once you enter a dream, there's no turning back."

That night, Isela opened the new jar and entered a dream that not only changed her life but also her perception of the world. When she woke, she understood that Don Emiliano's dreams were not mere fantasies, but doors to the deepest parts of the soul.

The next morning, she returned to the market. But this time, not as a customer. On her flower stall, she placed small clay jars, ready to be filled with the dreams she was learning to create.

The market had gained a new dreamer.

# La Cocina de Abuela Elena

En un pequeño pueblo de Michoacán, donde el olor del atole se mezclaba con el aroma de los campos de flores de cempasúchil, vivía Elena, conocida por todos como Doña Elena. Era una mujer robusta, con trenzas plateadas y un mandil que parecía llevar la historia de cientos de recetas. Su cocina, un espacio cálido con paredes de adobe, era el corazón del pueblo.

Decían que Doña Elena tenía un don especial: cada platillo que preparaba era más que alimento; era una ventana al alma de quien lo probaba. Una sopa de lentejas podía traer lágrimas a quien ocultaba tristeza, y unas enchiladas podían despertar una pasión dormida.

Camila, la nieta mayor de Doña Elena, había crecido en aquella cocina, ayudando a moler maíz y a pelar chiles. Sin embargo, con el tiempo, se había distanciado de las tradiciones del pueblo. Había decidido estudiar diseño en Morelia, dejando atrás el olor de las tortillas recién hechas y el sonido de los molcajetes.

Un día, Camila recibió una llamada urgente: su abuela estaba enferma. Regresó al pueblo con prisa, preocupada por la mujer que había sido su guía en la infancia. Al llegar, encontró a Doña Elena más frágil de lo que recordaba, pero con los mismos ojos brillantes de siempre.

—Camila, mi niña, necesito que aprendas a cocinar —dijo Elena desde su cama.

—Abuela, sabes que yo no tengo tu talento. Apenas sé hacer un arroz decente.

Elena sonrió débilmente.

—No es cuestión de talento, sino de escuchar. La comida habla, Camila. Es hora de que aprendas a escucharla.

Elena insistió en que Camila preparara mole para la fiesta patronal del pueblo. Camila, nerviosa, siguió las instrucciones de su abuela: asar los chiles, tostar las especias, y mezclar el chocolate con paciencia. Cuando finalmente sirvió el mole, los invitados quedaron maravillados.

—Este mole... me recuerda a mi madre —dijo un hombre mayor, con lágrimas en los ojos.

—Y a mí me hizo pensar en las cosas que nunca dije a mi esposo —confesó una mujer joven.

Camila estaba desconcertada. ¿Cómo era posible que su mole despertara tales emociones?

Esa noche, confrontó a su abuela.

—¿Qué es lo que pasa con nuestra comida? ¿Por qué la gente reacciona así?

Elena suspiró.

—Nuestra familia siempre ha tenido este don, Camila. La comida que preparamos no solo alimenta el cuerpo, sino también el alma. Pero con ese don viene una responsabilidad: debemos usarlo para el bien, nunca para manipular.

A medida que pasaban los días, Camila comenzó a experimentar por sí misma. Preparó unas carnitas para un vecino enojado, y el hombre terminó disculpándose con su esposa. Hizo un pozole para una amiga indecisa, quien finalmente tomó una decisión importante sobre su futuro.

Sin embargo, Camila también vio el lado oscuro del don. Una tarde, mientras preparaba un guisado para un cliente grosero, su enojo se filtró en la comida. Al probarla, el cliente estalló en lágrimas, confesando cosas que preferiría haber mantenido en secreto. Camila sintió una mezcla de culpa y poder.

—Abuela, no sé si quiero este don. Es demasiado.

—Lo entiendo, mi niña. Pero recuerda: este don no es una carga, sino un regalo. Si lo rechazas, se perderá con mi partida. Si lo aceptas, debes prometer usarlo con amor y cuidado.

Cuando Elena falleció semanas después, dejó un vacío en el pueblo, pero también un legado. Camila tomó una decisión: regresar al pueblo y continuar con la cocina de su abuela, pero a su manera.

Transformó la antigua cocina en un pequeño restaurante, donde cada platillo seguía teniendo ese toque mágico, pero ahora acompanado de su propio estilo.

"La Cocina de Camila" se convirtió en un lugar donde la gente no solo comía, sino que encontraba consuelo, respuestas, y, a veces, una nueva perspectiva.

Y aunque Camila aún temía el poder de su don, aprendió a confiar en lo que su abuela siempre le decía:

—La comida, cuando se hace con amor, siempre sana.

El pueblo nunca dejó de escuchar las historias que salían de los fogones de la familia.

# Grandmother Elena's Kitchen

In a small town in Michoacán, where the smell of atole mixed with the fragrance of marigold fields, lived Elena, known by everyone as Doña Elena. She was a robust woman, with silver braids and an apron that seemed to carry the history of hundreds of recipes. Her kitchen, a warm space with adobe walls, was the heart of the town.

They said that Doña Elena had a special gift: every dish she made was more than food; it was a window into the soul of the one who tasted it. A lentil soup could bring tears to someone hiding their sadness, and enchiladas could awaken a dormant passion.

Camila, Doña Elena's oldest granddaughter, had grown up in that kitchen, helping to grind corn and peel chilies. However, over time, she had distanced herself from the town's traditions. She had decided to study design in Morelia, leaving behind the smell of freshly made tortillas and the sound of molcajetes.

One day, Camila received an urgent call: her grandmother was ill. She rushed back to the village, worried about the woman who had been her guide in childhood. When she arrived, she found Doña Elena weaker than she remembered, but with the same bright eyes as always.

"Camila, my dear, I need you to learn how to cook," Elena said from her bed.

"Grandmother, you know I don't have your talent. I can barely make decent rice," Camila replied.

Elena smiled weakly.

"It's not about talent, it's about listening. Food speaks, Camila. It's time for you to learn to listen to it."

Elena insisted that Camila prepare mole for the village's patron saint festival. Nervous, Camila followed her grandmother's instructions: roasting the chilies, toasting the spices, and mixing the chocolate with patience. When she finally served the mole, the guests were amazed.

"This mole... it reminds me of my mother," said an elderly man, with tears in his eyes.

"And it made me think of the things I never told my husband," confessed a young woman.

Camila was confused. How was it possible that her mole awakened such emotions?

That night, she confronted her grandmother.

"What's going on with our food? Why do people react like this?"

Elena sighed.

"Our family has always had this gift, Camila. The food we prepare not only nourishes the body, but also the soul. But with that gift comes a responsibility: we must use it for good, never to manipulate."

As the days passed, Camila began to experiment for herself. She made carnitas for an angry neighbor, and the man ended up apologizing to his wife. She made pozole for a hesitant friend, who finally made an important decision about her future.

However, Camila also saw the dark side of the gift. One afternoon, while preparing a stew for a rude customer, her anger seeped into the food. When he tasted it, the customer burst into tears, confessing things he would have preferred to keep secret. Camila felt a mix of guilt and power.

"Grandmother, I don't know if I want this gift. It's too much."

"I understand, my dear. But remember: this gift is not a burden, but a blessing. If you reject it, it will be lost with my passing. If you accept it, you must promise to use it with love and care."

When Elena passed away weeks later, she left a void in the town, but also a legacy. Camila made a decision: to return to the village and continue her grandmother's kitchen, but in her own way.

She transformed the old kitchen into a small restaurant, where each dish still had that magical touch, but now accompanied by her own style.

"Camila's Kitchen" became a place where people not only ate, but found comfort, answers, and sometimes, a new perspective.

And though Camila still feared the power of her gift, she learned to trust in what her grandmother had always told her:

"The food, when made with love, always heals."

The town never stopped listening to the stories that came from the family's kitchens.

# Las Cartas de Luna

En un rincón tranquilo de Veracruz, rodeado por montañas cubiertas de niebla y el murmullo constante de un río cercano, vivía Luna. Era una mujer de mirada serena, con cabellos plateados que le caían sobre los hombros como el rocío en la madrugada. Su casa, una construcción modesta de paredes blancas y techos de teja roja, estaba adornada con macetas llenas de bugambilias.

Cada noche, después de que el sol se escondía detrás de los cerros y las cigarras entonaban su canto nocturno, Luna se sentaba junto a la ventana con una hoja de papel en blanco y su pluma favorita. Escribía cartas.

—Querido Santiago, hoy las montañas estaban cubiertas de niebla, como si el ciclo quisiera abrazarlas...

Santiago, su esposo, había partido hacía tres años, dejando un vacío que ni el tiempo ni el paisaje podían llenar. Luna no enviaba las cartas que escribía; las guardaba en una caja de madera, junto con otros recuerdos de su vida juntos.

El pueblo de San Isidro era pequeño, un lugar donde todos se conocían. Los vecinos saludaban a Luna con respeto, pero pocos se atrevían a preguntarle sobre su vida. Sabían que era una mujer reservada, y sus paseos diarios al río con un libro en la mano eran un ritual sagrado.

Luna encontraba consuelo en los pequeños detalles: el crujir de las hojas bajo sus pies, el aroma a café tostado en las mañanas, el sonido del río corriendo libre entre las piedras. Sin embargo, cada noche, cuando se sentaba a escribir, su corazón se llenaba de preguntas sin respuesta.

—¿Dónde estás ahora, Santiago? ¿Puedes verme? ¿Escuchas mis palabras?

Una tarde, mientras Luna compraba pan en la tiendita del pueblo, un hombre desconocido entró al lugar. Era alto, de cabello desordenado y una sonrisa fácil.

—Buenas tardes —saludó, con un acento que no era del lugar.

Luna apenas asintió, acostumbrada a evitar conversaciones largas. Sin embargo, esa noche, al sentarse a escribir, su mente volvió a la imagen del hombre. ¿Qué hacía alguien como él en un lugar tan remoto?

Días después, Luna lo vio nuevamente, esta vez sentado en una banca de la plaza, dibujando en un cuaderno. La curiosidad, una emoción que había creído perdida, comenzó a despertar en ella.

—Buenas tardes —dijo Salvador cuando notó que lo observaba.

—Buenas tardes —respondió Luna, intentando no parecer interesada.

—¿Vive aquí?

—Desde siempre. ¿Y usted?

—Apenas llegué. Estoy buscando inspiración.

—¿Inspira... qué?

—Pinto paisajes y escribo, pero a veces las ciudades son demasiado ruidosas para pensar. Este lugar tiene algo... especial.

Con el tiempo, Salvador y Luna comenzaron a hablar más a menudo. Él le contaba historias de los lugares que había visitado, mientras Luna le hablaba de las montañas, el río y los secretos del pueblo. Salvador, sin darse cuenta, se convirtió en parte de la rutina de Luna, llenando espacios que ella no sabía que estaban vacíos.

Una tarde, Salvador vio la caja de madera en la sala de Luna.

—¿Qué guardas ahí?

—Cartas —respondió ella, con una sonrisa melancólica.

—¿Cartas?

—Para mi esposo.

—¿Él las lee?

—No puede. Murió hace tres años.

El silencio que siguió fue pesado, pero no incómodo. Salvador asintió lentamente, como si entendiera el peso de las palabras de Luna.

Esa noche, Luna escribió una carta diferente:

*Querido Santiago,*

*Hoy conocí a alguien que me recordó cómo es hablar con alguien que no eres tú. No te preocupes, nunca ocupará tu lugar, pero quizá pueda ayudarme a llenar el vacío que dejaste.*

Al terminar, no la guardó en la caja. En cambio, la dejó sobre la mesa, como un acto de liberación.

Con el tiempo, Salvador y Luna formaron una amistad profunda. Él le mostró que aún había belleza en compartir la vida con otros, y ella le enseñó que el silencio también podía ser un lugar de paz.

Una noche, mientras veían juntos la luna llena desde el río, Salvador le dijo:

—Luna, hay algo en ti que transforma todo lo que toca.

Ella sonrió, con una lágrima rodando por su mejilla, y respondió:

—Quizá sea porque he aprendido que incluso en la soledad, hay espacio para la luz.

Desde entonces, Luna dejó de escribir cartas todas las noches. En su lugar, comenzó a caminar más, a conversar más, y a escribir menos para el pasado y más para el presente.

El río seguía su curso, las montañas se cubrían de niebla, y Luna descubrió que la vida, aunque llena de pérdidas, también podía ofrecer nuevos comienzos.

# The Letters of Luna

In a quiet corner of Veracruz, surrounded by mist-covered mountains and the constant murmur of a nearby river, lived Luna. She was a woman with a serene gaze, her silver hair falling over her shoulders like the morning dew. Her house, a modest construction with white walls and a red-tiled roof, was adorned with pots filled with bougainvillea.

Every night, after the sun hid behind the hills and the cicadas began their nocturnal song, Luna would sit by the window with a blank sheet of paper and her favorite pen. She wrote letters.

"Dear Santiago, today the mountains were covered in mist, as if the sky wanted to embrace them..."

Santiago, her husband, had left three years ago, leaving a void that neither time nor the landscape could fill. Luna didn't send the letters she wrote; she kept them in a wooden box, along with other memories of their life together.

The village of San Isidro was small, a place where everyone knew each other. The neighbors greeted Luna with respect, but few dared ask about her life. They knew she was a reserved woman, and her daily walks to the river with a book in hand were a sacred ritual.

Luna found comfort in the little details: the crunch of leaves under her feet, the aroma of roasted coffee in the mornings, the sound of the river running free between the stones. However, every night when she sat down to write, her heart was filled with unanswered questions.

"Where are you now, Santiago? Can you see me? Do you hear my words?"

One afternoon, while Luna was buying bread at the village store, a stranger entered. He was tall, with disheveled hair and an easy smile.

"Good afternoon," he greeted, with an accent that wasn't from around there.

Luna barely nodded, used to avoiding long conversations. However, that night, as she sat down to write, her mind returned to the image of the man. What was someone like him doing in such a remote place?

Days later, Luna saw him again, this time sitting on a bench in the square, drawing in a notebook. Curiosity, an emotion she thought was lost, began to awaken in her.

"Good afternoon," Salvador said when he noticed her watching him.

"Good afternoon," Luna replied, trying not to seem interested.

"Do you live here?"

"Always. And you?"

"I just arrived. I'm looking for inspiration."

"Inspires... what?"

"I paint landscapes and write, but sometimes the cities are too noisy to think. This place has something... special."

Over time, Salvador and Luna began talking more often. He told her stories of the places he had visited, while Luna spoke to him about the mountains, the river, and the secrets of the village. Salvador, without realizing it, became part of Luna's routine, filling spaces she didn't know were empty.

One afternoon, Salvador saw the wooden box in Luna's living room.

"What do you keep in there?"

"Letters," she replied, with a melancholic smile.

"Letters?"

"For my husband."

"Does he read them?"

"He can't. He passed away three years ago."

The silence that followed was heavy, but not uncomfortable. Salvador nodded slowly, as if he understood the weight of Luna's words.

That night, Luna wrote a different letter:

*Dear Santiago,*

*Today I met someone who reminded me of how it feels to talk to someone who is not you. Don't worry, he will never take your place, but perhaps he can help me fill the void you left.*

When she finished, she didn't put it in the box. Instead, she left it on the table, as an act of liberation.

Over time, Salvador and Luna formed a deep friendship. He showed her that there was still beauty in sharing life with others, and she taught him that silence could also be a place of peace.

One night, as they watched the full moon together by the river, Salvador said:

"Luna, there is something in you that transforms everything it touches."

She smiled, with a tear rolling down her cheek, and replied:

"Maybe it's because I've learned that even in solitude, there is space for light."

From then on, Luna stopped writing letters every night. Instead, she began to walk more, to talk more, and to write less for the past and more for the present.

The river continued its course, the mountains were covered in mist, and Luna discovered that life, though filled with losses, could also offer new beginnings.

# El Árbol de los Deseos

En un remoto pueblo de Chiapas, escondido entre montañas verdes y cielos que parecían tocar la tierra, se encontraba un árbol majestuoso, una ceiba de tronco ancho y raíces que se extendían como dedos gigantes hacia el suelo. Los habitantes del pueblo lo llamaban El Árbol de los Deseos, una leyenda viva que había pasado de generación en generación.

Decían que el árbol era mágico, que podía conceder un solo deseo a quien se atreviera a treparlo hasta su copa. Sin embargo, nadie hablaba de los costos, de los sacrificios que esa magia podía exigir.

Mateo era un joven delgado, de ojos oscuros y llenos de determinación. Vivía con su hermana menor, Sofía, en una humilde casa de adobe. Sus padres habían fallecido hacía años, y Mateo, apenas un adolescente, había asumido la responsabilidad de cuidar de su hermana.

Una tarde, mientras jugaban en el campo, Sofía cayó repentinamente al suelo, sin fuerzas para levantarse. Los curanderos del pueblo intentaron todo lo que estaba en sus manos, pero no podían explicar lo que le sucedía.

—Sofía necesita un milagro —le dijo Doña Rosario, la anciana más sabia del pueblo.

Mateo, desesperado, recordó la leyenda del Árbol de los Deseos. Aunque sabía que nadie había vuelto igual después de escalarlo, decidió que su hermana valía cualquier riesgo.

—Si el árbol puede salvarla, lo haré —se dijo a sí mismo.

La noche que Mateo eligió para escalar el árbol, el cielo estaba cubierto de estrellas. El aire era denso, cargado de misterio. Frente al árbol, Mateo se sintió pequeño. La ceiba parecía observarlo, sus ramas susurraban con el viento como si le advirtieran que se marchara.

Con cada paso, el tronco se hacía más resbaloso, y las ramas más frágiles. Mientras subía, Mateo sintió que el tiempo se detenía. Escuchó voces, suaves al principio, pero luego más fuertes, como si las almas de quienes habían trepado antes aún habitaran el árbol.

—¿Qué deseas, Mateo? —susurró una voz grave que parecía venir de las hojas mismas.

Mateo, aferrándose con fuerza a una rama, gritó:

—Quiero que mi hermana viva.

El árbol permaneció en silencio, y luego la voz respondió:

—Tu deseo será concedido, pero todo deseo tiene un precio.

—Acepto lo que sea necesario —dijo Mateo sin dudar.

Al llegar a la cima, Mateo sintió una paz extraña, como si el mundo se hubiera detenido por completo. Una hoja dorada cayó en su mano, y al instante supo que su deseo había sido escuchado.

Cuando Mateo regresó a casa, encontró a Sofía de pie, sonriente, como si nunca hubiera estado enferma. Su risa llenaba el espacio, y Mateo sintió un alivio profundo.

—Gracias, hermano —dijo Sofía, abrazándolo con fuerza.

Sin embargo, Mateo pronto comenzó a notar cambios en sí mismo. Su energía desaparecía lentamente, y cada día se sentía más débil. Las risas de Sofía, que antes eran su mayor consuelo, ahora parecían lejanas, como un eco que no podía alcanzar.

Mateo comprendió que el precio del deseo no era dinero ni un sacrificio inmediato; era su propia vida. La ceiba había tomado algo de él, algo que nunca podría recuperar.

Mateo no le contó a Sofía lo que sucedía. En cambio, pasaba cada día con ella, enseñándole todo lo que sabía: cómo cuidar la casa, cómo trabajar la tierra, y cómo ser fuerte por sí misma.

Una noche, cuando Sofía se durmió, Mateo regresó al Árbol de los Deseos. Esta vez, no para pedir algo, sino para hablarle.

—Acepto el precio, pero espero que mi hermana nunca tenga que subir aquí.

El árbol permaneció en silencio, pero las ramas se movieron como si lo entendieran.

# The Tree of Wishes

In a remote village in Chiapas, hidden among green mountains and skies that seemed to touch the earth, there stood a majestic tree, a ceiba with a thick trunk and roots that spread out like giant fingers reaching into the ground. The villagers called it The Tree of Wishes, a living legend passed down from generation to generation.

They said the tree was magical, capable of granting a single wish to anyone brave enough to climb to its top. However, no one spoke of the costs, the sacrifices that this magic could demand.

Mateo was a young man with dark eyes full of determination. He lived with his younger sister, Sofía, in a humble adobe house. Their parents had passed away years ago, and Mateo, still a teenager, had taken on the responsibility of caring for his sister.

One afternoon, while they were playing in the field, Sofía suddenly collapsed to the ground, unable to rise. The village healers tried everything they could, but they couldn't explain what was happening to her.

"Sofía needs a miracle," said Doña Rosario, the oldest and wisest woman in the village.

Desperate, Mateo remembered the legend of the Tree of Wishes. Although he knew no one had returned the same after climbing it, he decided that his sister was worth any risk.

"If the tree can save her, I will do it," he told himself.

The night Mateo chose to climb the tree, the sky was covered in stars. The air was thick, laden with mystery. In front of the tree, Mateo felt small.

The ceiba seemed to watch him, its branches whispering in the wind, as if warning him to leave.

With every step, the trunk became slipperier, and the branches more fragile. As he climbed, Mateo felt time stop. He heard voices, faint at first, but then growing louder, as if the souls of those who had climbed before still inhabited the tree.

"What do you wish for, Mateo?" whispered a deep voice that seemed to come from the very leaves.

Gripping a branch tightly, Mateo shouted:

"I want my sister to live."

The tree remained silent, then the voice responded:

"Your wish will be granted, but every wish has a price."

"I accept whatever is necessary," Mateo said without hesitation.

When he reached the top, Mateo felt a strange peace, as though the world had completely stopped. A golden leaf fell into his hand, and in that instant, he knew his wish had been heard.

When Mateo returned home, he found Sofía standing, smiling, as if she had never been ill. Her laughter filled the space, and Mateo felt a deep relief.

"Thank you, brother," Sofía said, hugging him tightly.

However, Mateo soon began to notice changes in himself. His energy slowly faded, and every day he felt weaker. Sofía's laughter, which had once been his greatest comfort, now seemed distant, like an echo he couldn't reach.

Mateo realized that the price of the wish wasn't money or an immediate sacrifice; it was his own life. The ceiba had taken something from him, something he could never get back.

Mateo didn't tell Sofía what was happening. Instead, he spent each day with her, teaching her everything he knew: how to take care of the house, how to work the land, and how to be strong on her own.

One night, when Sofía fell asleep, Mateo returned to the Tree of Wishes. This time, not to ask for anything, but to speak to it.

"I accept the price, but I hope my sister never has to climb here."

The tree remained silent, but the branches moved as if they understood.

# El Último Tren a Puebla

La estación de tren en Puebla era un caos organizado. El silbato del tren perforaba el aire pesado, mezclándose con el murmullo de voces, el traqueteo de las ruedas de carretas, y el incesante grito de los vendedores ambulantes. Era 1915, en pleno corazón de la Revolución Mexicana, y cada rincón del país parecía estar en llamas, tanto en los campos de batalla como en los corazones de las personas.

Javier, un joven periodista de Ciudad de México, llegó a la estación con una libreta en la mano y una cámara colgada al cuello. Estaba buscando algo, pero no sabía exactamente qué. La guerra ya había llenado sus cuadernos con historias de violencia, hambre y muerte. Ahora, deseaba algo más: una historia que lo marcara, que justificara su vida como periodista.

En la plataforma, soldados con uniformes desgastados esperaban el tren con rifles colgados de los hombros, mientras intercambiaban chistes para ocultar el miedo. Un grupo de mujeres, con rebozos oscuros y rostros cansados, vendían tamales y café a los viajeros. Niños descalzos corrían entre los pasajeros, rogando por unas monedas.

Javier observaba todo con atención, buscando un rostro o un gesto que le hablara de algo más profundo.

—¿Qué buscas, joven? —le preguntó un vendedor de billetes, un hombre mayor con bigote canoso y ojos astutos.

—Una historia —respondió Javier, con una sonrisa tímida.

—Aquí sobran historias, pero no todas tienen finales felices.

El hombre señaló hacia una banca al final de la plataforma, donde una mujer de cabello trenzado y vestido sencillo sostenía una pequeña maleta.

—Habla con ella, si te atreves.

Javier se acercó a la mujer, quien lo miró con desconfianza.

—Buenas tardes, soy periodista. Me llamo Javier. ¿Puedo sentarme?

—Si quiere, pero no tengo nada interesante que contarle —respondió ella, sin mirarlo directamente.

—Eso lo decidiré yo —dijo Javier, sacando su libreta.

Después de un momento de silencio, la mujer habló.

—Me llamo Rosa. Vengo de un pueblo al sur de aquí. Perdí a mi esposo en la guerra. Ahora estoy buscando a mi hermano. Dicen que podría estar en Veracruz.

—¿Por qué cree que está ahí?

—Porque el último mensaje que recibí de él decía que lo habían enviado a luchar en esa zona.

Javier tomó nota rápidamente. Rosa continuó:

—Lo único que me queda de mi esposo es esta maleta. Él la llevaba consigo cuando partió al frente. Ahora yo la llevo, como si con eso pudiera mantenerlo cerca.

Rosa abrió la maleta y mostró su contenido: una bufanda desgastada, una libreta con páginas arrancadas y una foto amarillenta de un hombre joven y sonriente.

—¿Cree que encontrará a su hermano? —preguntó Javier.

—No lo sé, pero si no lo intento, nunca podré vivir en paz.

Mientras Javier hablaba con Rosa, un soldado herido, con la pierna vendada y el rostro cubierto de polvo, se acercó cojeando. Se dejó caer en una banca cercana, soltando un gemido de dolor.

—¿Está bien, compañero? —preguntó Javier, acercándose.

—He visto días mejores —respondió el soldado con una sonrisa amarga.

El soldado, que se llamaba Manuel, había sido herido en una escaramuza cerca de Zacatlán. Había perdido a la mayoría de su unidad y ahora buscaba regresar a casa, aunque no estaba seguro de que aún existiera un hogar para él.

—¿Por qué sigues peleando? —preguntó Javier.

Manuel lo miró fijamente antes de responder.

—Porque si no peleamos, ¿quién lo hará? Este país está roto, pero alguien tiene que intentar repararlo, aunque sea a golpes.

El silbato del tren anunció su llegada. Las ruedas chirriaron mientras el tren se detenía lentamente frente a la plataforma. Los pasajeros comenzaron a amontonarse, cada uno luchando por un lugar.

Rosa se levantó con su maleta, lista para abordar. Javier la siguió, indeciso.

—Buena suerte, Rosa. Espero que encuentre a su hermano.

Ella lo miró por última vez, con una mezcla de esperanza y resignación.

—Gracias. Y buena suerte a usted también. Ojalá encuentre lo que busca.

Manuel también subió al tren, ayudado por un compañero. Antes de entrar, se volvió hacia Javier.

—Escribe algo bueno sobre nosotros, ¿sí? Algo que valga la pena recordar.

Javier observó cómo el tren se alejaba, llevándose a Rosa, a Manuel y a las demás almas cargadas de historias.

Mientras la estación volvía a quedar en silencio, Javier se sentó en una banca, con la libreta en la mano. Se dio cuenta de que la historia que buscaba no estaba en un solo evento o persona, sino en los fragmentos de vidas que se cruzaban en lugares como esa estación.

El último tren a Puebla no solo llevaba pasajeros; cargaba sueños, miedos, esperanzas y despedidas. Javier decidió que su deber no era buscar una historia perfecta, sino dar voz a las pequeñas historias que, juntas, formaban el latido de un país en guerra.

Con esa idea, comenzó a escribir. Y en su libreta, el caos de la estación se transformó en poesía.

# The Last Train to Puebla

<hr>

The train station in Puebla was an organized chaos. The whistle of the train pierced the heavy air, mixing with the hum of voices, the clatter of wagon wheels, and the incessant cries of street vendors. It was 1915, in the heart of the Mexican Revolution, and every corner of the country seemed to be on fire, both on the battlefields and in the hearts of the people.

Javier, a young journalist from Mexico City, arrived at the station with a notebook in his hand and a camera hanging from his neck. He was looking for something, but he wasn't exactly sure what. The war had already filled his notebooks with stories of violence, hunger, and death. Now, he longed for something more: a story that would mark him, that would justify his life as a journalist.

On the platform, soldiers in worn uniforms waited for the train, rifles slung over their shoulders, exchanging jokes to hide their fear. A group of women, wearing dark shawls and tired faces, sold tamales and coffee to the travelers. Barefoot children ran between the passengers, begging for coins.

Javier observed everything closely, searching for a face or gesture that would speak to him of something deeper.

"What are you looking for, young man?" asked a ticket vendor, an older man with a gray mustache and sharp eyes.

"A story," Javier replied, with a shy smile.

"There are plenty of stories here, but not all of them have happy endings."

The man pointed toward a bench at the end of the platform, where a woman with braided hair and a simple dress was holding a small suitcase.

"Talk to her, if you dare."

Javier approached the woman, who looked at him warily.

"Good afternoon, I'm a journalist. My name is Javier. May I sit down?"

"If you want, but I don't have anything interesting to tell you," she replied, not looking at him directly.

"I'll decide that," Javier said, pulling out his notebook.

After a moment of silence, the woman spoke.

"My name is Rosa. I'm from a village south of here. I lost my husband in the war. Now I'm looking for my brother. They say he might be in Veracruz."

"Why do you think he's there?"

"Because the last message I received from him said they had sent him to fight in that area."

Javier quickly jotted down notes. Rosa continued:

"The only thing I have left of my husband is this suitcase. He took it with him when he went to the front. Now I carry it, as if by doing so I can keep him close."

Rosa opened the suitcase and showed its contents: a worn scarf, a notebook with torn pages, and a yellowed photo of a young, smiling man.

"Do you think you'll find your brother?" asked Javier.

"I don't know, but if I don't try, I'll never be able to live in peace."

As Javier spoke with Rosa, a wounded soldier, with his leg bandaged and his face covered in dust, hobbled over. He collapsed onto a nearby bench, groaning in pain.

"Are you alright, comrade?" Javier asked, approaching him.

"I've seen better days," the soldier replied with a bitter smile.

The soldier, named Manuel, had been injured in a skirmish near Zacatlán. He had lost most of his unit and was now trying to make his way home, though he wasn't sure if a home still existed for him.

"Why do you keep fighting?" asked Javier.

Manuel stared at him for a moment before answering.

"Because if we don't fight, who will? This country is broken, but someone has to try to fix it, even if it's with blows."

The train whistle announced its arrival. The wheels screeched as the train slowly came to a halt in front of the platform. The passengers began to crowd together, each fighting for a place.

Rosa stood up with her suitcase, ready to board. Javier followed, unsure.

"Good luck, Rosa. I hope you find your brother."

She looked at him one last time, with a mixture of hope and resignation.

"Thank you. And good luck to you too. I hope you find what you're looking for."

Manuel also climbed aboard the train, helped by a companion. Before entering, he turned to Javier.

"Write something good about us, okay? Something worth remembering."

Javier watched as the train pulled away, taking Rosa, Manuel, and the other souls burdened with stories.

As the station quieted once more, Javier sat on a bench, his notebook in hand. He realized that the story he had been searching for wasn't in a single event or person, but in the fragments of lives that crossed paths in places like this station.

The last train to Puebla didn't just carry passengers; it carried dreams, fears, hopes, and goodbyes. Javier decided that his duty was not to search for a perfect story, but to give voice to the small stories that, together, formed the heartbeat of a country at war.

With that thought, he began to write. And in his notebook, the chaos of the station turned into poetry.

# La Casa de los Espíritus Alegres

En las colinas de San Luis Potosí, rodeada de agaves y nopales, se erguía una vieja hacienda conocida como "La Casa de los Espíritus Alegres". Su fachada de adobe rojo, sus arcos desgastados y sus muros cubiertos de bugambilias contaban historias de tiempos pasados, pero lo que realmente atraía la atención eran los rumores de quienes decían que allí habitaban espíritus.

No eran espectros comunes de lamentos y cadenas. Eran espíritus juguetones, traviesos, que movían cosas, apagaban velas y reían con un eco cristalino. Algunos vecinos aseguraban haber escuchado música por las noches, como si se celebrara una fiesta eterna dentro de la hacienda.

La dueña de esta peculiar casa era Doña Josefina, una mujer de cabello blanco como la sal y mirada firme. A sus 78 años, Josefina había vivido toda su vida en la hacienda y la consideraba no solo su hogar, sino un refugio para las almas que se habían quedado allí.

Una mañana, mientras Josefina tomaba café en el patio, un hombre de traje impecable llegó en un auto brillante. Era Don Octavio, un desarrollador inmobiliario que había puesto sus ojos en la hacienda.

—Doña Josefina, con todo respeto, su hacienda está vieja y desperdiciada. Imagínese lo que podríamos construir aquí: condominios, un centro comercial, quizás un hotel.

Josefina lo miró con una mezcla de incredulidad y desdén.

—Mi casa no está en venta, señor.

—Le ofrezco una cantidad generosa —dijo Octavio, sacando un sobre lleno de documentos.

Josefina tomó el sobre, lo abrió, y sin siquiera mirar los números, lo cerró de nuevo.

—El dinero no puede comprar el alma de esta casa. Buen día, señor.

Don Octavio se fue, pero no sin dejar claro que volvería.

Esa noche, Josefina encendió velas en la sala principal y se sentó en su sillón favorito, con una copa de mezcal en la mano.

—Bueno, mis queridos traviesos, parece que quieren arrebatarnos nuestro hogar. ¿Qué vamos a hacer? —preguntó al aire.

Al principio, hubo silencio. Pero pronto, las velas comenzaron a parpadear, las cortinas se movieron aunque no había viento, y una risa suave llenó la habitación.

—Ah, sabía que ustedes no me abandonarían —dijo Josefina, sonriendo.

Uno por uno, los espíritus comenzaron a manifestarse. No tenían forma definida, sino destellos de luz y sombras que danzaban por los muros. Josefina los conocía bien: la risueña Eulalia, que siempre movía las ollas en la cocina; el bromista Don Julián, que escondía las llaves; y la melancólica Lupita, que tocaba el piano en las noches de lluvia.

—Necesitamos un plan —dijo Josefina, mirando a las sombras que revoloteaban a su alrededor.

Al día siguiente, Don Octavio volvió, acompañado de un grupo de arquitectos y topógrafos. Josefina los recibió con una sonrisa astuta.

—Pasen, pasen. Les mostraré la casa.

Mientras recorrían la hacienda, los espíritus hicieron su trabajo. Las ventanas se cerraron de golpe, los planos volaron de las manos de los arquitectos, y una risita espectral resonó en los pasillos.

—¿Qué fue eso? —preguntó uno de los arquitectos, pálido.

—Nada, solo el viento —respondió Josefina, fingiendo inocencia.

Pero cuando una olla cayó sola en la cocina y el piano comenzó a tocar por sí mismo, los visitantes salieron corriendo, dejando atrás sus herramientas.

Don Octavio, sin embargo, no se dejó intimidar tan fácilmente.

—Esos trucos no me asustan, Doña Josefina. Volveré con más hombres.

Esa noche, Josefina reunió a los espíritus en la sala principal.

—Es hora de que mostremos lo que realmente valemos. Esta es nuestra casa, y nadie nos la quitará.

Los espíritus se unieron en un torbellino de luz, llenando la hacienda con una energía palpable. Era como si la casa misma cobrara vida.

Cuando Don Octavio regresó al día siguiente, acompañado por un grupo más grande de hombres, la hacienda se transformó. Las paredes parecían respirar, las sombras se alargaban y una voz profunda resonó desde los muros:

—¡Váyanse de aquí!

Los hombres huyeron despavoridos, dejando a Octavio solo frente a Josefina.

—¿Ve, señor? Esta casa no está vacía. Tiene alma, y no se irá a ningún lado.

Don Octavio, derrotado, inclinó la cabeza.

—Está bien, Doña Josefina. Usted gana.

Con el tiempo, la hacienda se convirtió en un refugio para quienes buscaban consuelo. Josefina abrió sus puertas a vecinos, viajeros y curiosos, compartiendo historias y mezcal bajo la sombra de los agaves. Los espíritus siguieron habitando la casa, pero ahora compartían su alegría con los vivos.

Cuando Josefina finalmente partió, la hacienda no quedó vacía. Su espíritu se unió al de los demás, asegurándose de que la Casa de los Espíritus Alegres siguiera siendo un lugar donde la magia y la comunidad se encontraban.

# The House of Happy Spirits

I n the hills of San Luis Potosí, surrounded by agaves and prickly pears, stood an old hacienda known as "The House of Happy Spirits." Its red adobe façade, worn arches, and walls covered with bougainvillea told stories of times long past, but what truly attracted attention were the rumors that spirits resided there.

They were not the common kind of spirits that moaned or clinked chains. These were playful, mischievous spirits who moved things around, blew out candles, and laughed with a crystalline echo. Some locals claimed to have heard music at night, as if an eternal party was taking place within the hacienda.

The owner of this peculiar house was Doña Josefina, a woman with white hair as salt and a steady gaze. At 78 years old, Josefina had lived her entire life in the hacienda, and she considered it not just her home but a refuge for the souls that had remained there.

One morning, while Josefina sipped coffee in the courtyard, a man in an impeccable suit arrived in a shiny car. He was Don Octavio, a real estate developer who had set his sights on the hacienda.

"Doña Josefina, with all due respect, your hacienda is old and wasted. Just imagine what we could build here: condominiums, a shopping center, maybe a hotel."

Josefina looked at him with a mix of disbelief and disdain.

"My house is not for sale, sir."

"I'm offering a generous amount," Don Octavio said, pulling out an envelope full of documents.

Josefina took the envelope, opened it, and without even looking at the numbers, closed it again.

"Money cannot buy the soul of this house. Good day, sir."

Don Octavio left, but not without making it clear that he would return.

That night, Josefina lit candles in the main room and sat in her favorite armchair, holding a glass of mezcal.

"Well, my dear tricksters, it seems they want to take our home. What are we going to do?" she asked into the air.

At first, there was silence. But soon, the candles began to flicker, the curtains moved though there was no wind, and a soft laugh filled the room.

"Ah, I knew you wouldn't abandon me," said Josefina, smiling.

One by one, the spirits began to manifest. They had no definite form, but instead were flashes of light and shadows that danced across the walls. Josefina knew them well: the cheerful Eulalia, who always moved the pots in the kitchen; the prankster Don Julián, who hid the keys; and the melancholic Lupita, who played the piano on rainy nights.

"We need a plan," said Josefina, looking at the shadows that flitted around her.

The next day, Don Octavio returned, accompanied by a group of architects and surveyors. Josefina greeted them with a sly smile.

"Come in, come in. I'll show you the house."

As they toured the hacienda, the spirits did their work. Windows slammed shut, blueprints flew from the architects' hands, and a spectral giggle echoed down the hallways.

"What was that?" one of the architects asked, pale-faced.

"Nothing, just the wind," Josefina replied, pretending to be innocent.

But when a pot fell on its own in the kitchen and the piano began playing by itself, the visitors fled, leaving behind their tools.

Don Octavio, however, was not easily intimidated.

"Those tricks don't scare me, Doña Josefina. I'll return with more men."

That night, Josefina gathered the spirits in the main room.

"It's time to show what we really are. This is our house, and no one will take it from us."

The spirits united in a whirlwind of light, filling the hacienda with a palpable energy. It was as if the house itself came to life.

When Don Octavio returned the next day, accompanied by a larger group of men, the hacienda had transformed. The walls seemed to breathe, the shadows grew long, and a deep voice resonated from the walls:

"Leave this place!"

The men fled in terror, leaving Octavio alone before Josefina.

"Do you see, sir? This house is not empty. It has a soul, and it will not go anywhere."

Defeated, Don Octavio lowered his head.

"Alright, Doña Josefina. You win."

In time, the hacienda became a refuge for those seeking comfort. Josefina opened her doors to neighbors, travelers, and the curious, sharing stories and mezcal under the shade of the agaves. The spirits continued to dwell in the house, but now they shared their joy with the living.

When Josefina finally passed away, the hacienda was not left empty. Her spirit joined those of the others, ensuring that the House of Happy Spirits would remain a place where magic and community met.

# Las Voces del Río

———

El pueblo de San Isidro del Río, escondido entre las curvas del majestuoso Río Usumacinta, parecía suspendido en el tiempo. Las casas de madera descansaban sobre pilotes para protegerse de las crecidas, y los pescadores salían al río al amanecer con sus redes al hombro, mientras las mujeres cocinaban bajo el susurro de las palmas.

Sin embargo, San Isidro no era famoso por su pesca, ni por sus paisajes. Era conocido por algo más extraño, algo que había desconcertado a visitantes y estudiosos durante generaciones: el río hablaba.

Una tarde calurosa de mayo, un autobús polvoriento se detuvo en la entrada del pueblo. De él bajó Mariana, una mujer de unos 35 años, de porte elegante y mirada crítica. Había venido desde la Ciudad de México, no por fe ni curiosidad, sino por obligación.

Su tío, el periodista Don Héctor, le había pedido que investigara el fenómeno para una revista de viajes.

—Quiero que captures la esencia de ese lugar, Mariana. Pero no te burles de ellos —le había advertido su tío antes de su partida.

Mariana, escéptica por naturaleza, no estaba convencida. Para ella, las "voces del río" eran solo supercherías de un pueblo atrapado en el pasado.

Se hospedó en la casa de Doña Tomasa, una anciana con piel curtida por el sol y un andar lento pero firme. La casa daba directamente al río, y desde la pequeña terraza se podían escuchar los sonidos del agua chocando contra las raíces de los árboles.

Esa noche, mientras cenaba un guiso de pescado, Doña Tomasa habló del río.

—El río no le habla a todos, hija. Hay que tener el corazón abierto y los oídos atentos.

Mariana sonrió condescendiente.

—¿Y qué dice el río?

—Depende de quién escucha. A veces consuela, a veces advierte, a veces solo canta.

Más tarde, cuando la casa quedó en silencio, Mariana se sentó junto al río, esperando probar que todo era un mito. Pero, en lugar de palabras, solo escuchó el murmullo del agua.

Al día siguiente, Mariana recorrió el pueblo, hablando con los pescadores y las mujeres en el mercado. Cada uno tenía su propia historia sobre el río:

—Una vez me advirtió sobre una tormenta, y gracias a eso salvé mi lancha —contó Don Esteban, un pescador anciano.

—Cuando estaba embarazada, el río me cantaba para calmar mis miedos —dijo Lupe, una joven madre.

Incluso los niños afirmaban escuchar canciones de cuna cuando jugaban cerca del agua.

A pesar de las historias, Mariana seguía sin convencerse. Decidió quedarse unos días más, con la esperanza de encontrar algo que explicara científicamente el fenómeno.

Una noche, mientras las estrellas se reflejaban en el río como un manto de luces, Mariana se acercó a la orilla. Había algo inquietante en la calma del agua, como si estuviera esperando.

De repente, una corriente de aire frío la envolvió, y entonces lo escuchó.

—Mariana...

El sonido no era fuerte, pero era claro. Se giró rápidamente, pensando que alguien le hablaba, pero no había nadie.

—Mariana...

Esta vez, el sonido venía directamente del río. Se quedó inmóvil, con el corazón latiendo rápidamente.

—No tengas miedo...

Era una voz suave, ni masculina ni femenina, como un eco distante.

—¿Quién eres? —preguntó, apenas logrando formar las palabras.

—Soy el río.

En los días siguientes, Mariana regresó cada noche a la orilla. Poco a poco, las voces comenzaron a revelarle cosas. No eran secretos grandiosos ni predicciones del futuro, sino verdades simples que resonaban profundamente en ella.

—Has olvidado cómo escuchar, Mariana. La ciudad te ha llenado de ruido.

—Estás buscando respuestas en lugares lejanos, pero todo lo que necesitas está aquí.

El río no solo hablaba de su vida; también le contaba las historias de los pescadores, de los árboles y de las estrellas que se reflejaban en sus aguas.

Mariana, quien había llegado al pueblo con escepticismo y arrogancia, comenzó a cambiar. Sentía que algo dentro de ella se estaba abriendo, como si una barrera invisible hubiera desaparecido.

Cuando llegó el día de irse, Mariana se despidió de Doña Tomasa y los demás vecinos con un nudo en la garganta.

—¿Te habló el río? —preguntó Doña Tomasa con una sonrisa.

Mariana asintió, pero no dio detalles. Algunas cosas, pensó, no necesitan ser explicadas.

En el autobús de regreso, escribió su artículo. No habló de voces ni de magia, sino de un pueblo donde la naturaleza y los hombres vivían en un equilibrio frágil, un lugar donde el río tenía alma.

Mariana sabía que no todos entenderían lo que había vivido, pero eso ya no le importaba. Algo en ella había cambiado para siempre, y cada vez que cerraba los ojos, podía escuchar el susurro del Usumacinta, recordándole que el mundo todavía estaba lleno de maravillas para quienes se atrevían a escuchar.

# The Voices of the River

The village of San Isidro del Río, hidden among the curves of the majestic Usumacinta River, seemed suspended in time. The wooden houses rested on stilts to protect them from the floods, and the fishermen would head out to the river at dawn, their nets slung over their shoulders, while the women cooked beneath the whisper of the palm trees.

However, San Isidro was not famous for its fishing nor its landscapes. It was known for something far stranger, something that had puzzled visitors and scholars for generations: the river spoke.

One hot May afternoon, a dusty bus stopped at the entrance of the village. From it stepped Mariana, a woman in her mid-thirties, with an elegant bearing and a critical gaze. She had come from Mexico City, not out of faith or curiosity, but out of obligation.

Her uncle, the journalist Don Héctor, had asked her to investigate the phenomenon for a travel magazine.

"I want you to capture the essence of that place, Mariana. But don't mock them," her uncle had warned her before she left.

Naturally skeptical, Mariana was unconvinced. To her, the "voices of the river" were just superstitions from a village stuck in the past.

She stayed at the house of Doña Tomasa, an elderly woman with sun-dried skin and a slow but steady walk. The house faced the river, and from the small terrace, the sounds of water crashing against the tree roots could be heard.

That night, as she ate a fish stew, Doña Tomasa spoke of the river.

"The river doesn't speak to everyone, daughter. You have to have an open heart and attentive ears."

Mariana smiled condescendingly.

"And what does the river say?"

"It depends on who's listening. Sometimes it comforts, sometimes it warns, sometimes it just sings."

Later, when the house fell silent, Mariana sat by the river, waiting to prove that it was all a myth. But instead of words, she only heard the murmur of the water.

The next day, Mariana toured the village, talking to the fishermen and the women at the market. Each person had their own story about the river:

"Once it warned me about a storm, and because of that, I saved my boat," said Don Esteban, an elderly fisherman.

"When I was pregnant, the river would sing to calm my fears," said Lupe, a young mother.

Even the children claimed to hear lullabies when they played near the water.

Despite all the stories, Mariana remained unconvinced. She decided to stay a few more days, hoping to find something that could scientifically explain the phenomenon.

One night, as the stars reflected in the river like a blanket of lights, Mariana approached the shore. There was something unsettling about the stillness of the water, as though it were waiting.

Suddenly, a cold gust of wind surrounded her, and then she heard it.

"Mariana..."

The sound wasn't loud, but it was clear. She quickly turned, thinking someone was speaking to her, but there was no one.

"Mariana..."

This time, the sound came directly from the river. She stood still, her heart racing.

"Don't be afraid..."

It was a soft voice, neither male nor female, like a distant echo.

"Who are you?" she asked, barely managing to form the words.

"I am the river."

In the following days, Mariana returned to the shore every night. Little by little, the voices began to reveal things to her. They weren't grand secrets or predictions of the future, but simple truths that resonated deeply within her.

"You've forgotten how to listen, Mariana. The city has filled you with noise."

"You're looking for answers in distant places, but everything you need is here."

The river didn't just speak of its own life; it also told her the stories of the fishermen, the trees, and the stars that reflected in its waters.

Mariana, who had arrived in the village with skepticism and arrogance, began to change. She felt something inside her opening, as though an invisible barrier had vanished.

When the day came to leave, Mariana said goodbye to Doña Tomasa and the other villagers with a lump in her throat.

"Did the river speak to you?" asked Doña Tomasa with a smile.

Mariana nodded, but didn't offer details. Some things, she thought, didn't need to be explained.

On the bus ride back, she wrote her article. She didn't talk about voices or magic, but about a village where nature and people lived in fragile balance, a place where the river had a soul.

Mariana knew that not everyone would understand what she had experienced, but she didn't mind anymore. Something inside her had changed forever, and every time she closed her eyes, she could hear the whisper of the Usumacinta, reminding her that the world was still full of wonders for those brave enough to listen.

# El Retrato

En el corazón de Guanajuato, donde las calles empedradas serpenteaban entre casas de colores y el aroma de las flores de buganvilia flotaba en el aire, vivía Natalia, una pintora conocida no solo por su talento, sino por la misteriosa profundidad de sus retratos.

Cada cuadro que salía de su estudio parecía revelar algo más allá de la apariencia física de sus modelos. Los clientes, al principio emocionados, solían quedarse perplejos al verse reflejados en el lienzo, como si Natalia hubiese capturado algo que ellos mismos desconocían.

Pero nadie hablaba en voz alta de este don. Era un secreto que recorría el pueblo en susurros, como un eco entre las montañas que rodeaban la ciudad.

Una tarde de septiembre, cuando el cielo amenazaba con lluvia, alguien llamó a la puerta del estudio. Natalia, quien estaba terminando un retrato de una joven campesina, dejó su pincel y abrió la puerta.

Ahí estaba Señor Ruiz, un hombre de unos cincuenta años, vestido con un traje oscuro que contrastaba con el ambiente cálido y colorido de Guanajuato.

—Buenas tardes, señorita Natalia —dijo con una voz profunda y pausada—. He escuchado de su trabajo y quiero encargarle un retrato.

Natalia lo invitó a pasar. Mientras él recorría el estudio, observando los cuadros que colgaban en las paredes, ella no pudo evitar sentirse inquieta. Había algo en su presencia, una mezcla de autoridad y misterio, que la hacía dudar.

—¿Tiene en mente algún estilo o tema específico? —preguntó ella, intentando sonar profesional.

—Solo deseo que sea fiel a su estilo. Quiero que pinte lo que vea en mí —respondió él con una sonrisa apenas perceptible.

Al día siguiente, Señor Ruiz llegó puntualmente a la cita. Natalia lo sentó frente a la gran ventana del estudio, donde la luz del atardecer iluminaba su rostro.

Mientras trabajaba, Natalia intentaba concentrarse en los detalles: la forma de sus ojos, la línea de su mandíbula, la textura de su piel. Pero algo en él la distraía. Cada pincelada parecía llevarla más allá de lo superficial, revelando fragmentos de una historia oculta.

A medida que pasaban los días, el retrato tomaba forma, y con él, una inquietud crecía en el corazón de Natalia. La imagen en el lienzo no era simplemente la de un hombre elegante; había algo oscuro, como una sombra que se aferraba a su figura.

Una noche, incapaz de dormir, Natalia se sentó frente al retrato, estudiándolo con detenimiento. Sus ojos parecían vivos, casi como si la estuvieran observando.

De repente, notó algo que no había visto antes: en el fondo del cuadro, entre las pinceladas que representaban una pared oscura, apareció una figura. Era la silueta de una mujer, con el rostro desdibujado, pero con una expresión de dolor inconfundible.

Natalia retrocedió, el corazón latiendo con fuerza. ¿Cómo había llegado esa imagen al lienzo? Ella no la había pintado conscientemente.

Decidió investigar. Al día siguiente, preguntó discretamente en el pueblo sobre Señor Ruiz. No fue fácil; parecía que el hombre era desconocido para la mayoría. Pero finalmente, una anciana que vendía flores en el mercado le dio una pista.

—Ese hombre... lo vi una vez en la ciudad vecina. Dicen que su esposa desapareció hace años, y que él estuvo involucrado, pero nunca se le pudo probar nada.

Natalia no sabía qué hacer. Sentía que el retrato contenía una verdad que debía ser revelada, pero temía las consecuencias.

Cuando Señor Ruiz llegó para ver el resultado final, Natalia lo recibió con una mezcla de nerviosismo y determinación.

—Aquí está su retrato —dijo, girando el caballete para mostrarle el cuadro.

Por un momento, Señor Ruiz permaneció en silencio. Sus ojos recorrieron la imagen, deteniéndose en la figura de la mujer en el fondo.

—¿Qué significa esto? —preguntó, con un tono que mezclaba incredulidad y amenaza.

—Eso debería preguntárselo usted mismo —respondió Natalia, tratando de mantener la calma.

Él dio un paso hacia ella, pero Natalia no retrocedió.

—Usted me pidió que pintara lo que veo, y esto es lo que vi. No puedo explicar más.

Señor Ruiz apretó los labios, tomó el cuadro y salió sin decir una palabra.

En los días siguientes, Natalia sintió que algo en el ambiente había cambiado. Algunas personas comenzaron a evitarla, como si temieran que su don pudiera exponer también sus secretos.

Sin embargo, también recibió visitas de aquellos que querían enfrentarse a su propia verdad, aunque les aterrorizara lo que el retrato pudiera revelar.

Del Señor Ruiz, nunca volvió a saber. Algunos decían que había dejado el pueblo para siempre; otros, que había sido arrestado en otro lugar por crímenes que finalmente salieron a la luz.

Natalia continuó pintando, aunque con más cuidado al aceptar encargos. Sabía que su don no solo era un regalo, sino también una responsabilidad, una ventana hacia verdades que a veces era mejor no mirar.

Cada vez que terminaba un cuadro, se preguntaba qué más podía revelar el arte, no solo de los demás, sino de sí misma. Y aunque la respuesta le asustaba, sabía que no podía dejar de pintar.

# The Portrait

In the heart of Guanajuato, where the cobblestone streets wound between colorful houses and the scent of bougainvillea flowers filled the air, lived Natalia, a painter known not only for her talent but for the mysterious depth of her portraits.

Every painting that came out of her studio seemed to reveal something beyond the physical appearance of her subjects. At first, the clients were excited, but they would often be left bewildered when they saw themselves reflected on the canvas, as if Natalia had captured something they themselves didn't know.

But no one openly spoke of this gift. It was a secret that passed through the town in whispers, like an echo between the mountains surrounding the city.

One afternoon in September, when the sky threatened rain, someone knocked on the door of Natalia's studio. Natalia, who was finishing a portrait of a young peasant woman, set down her brush and opened the door.

There stood Señor Ruiz, a man in his fifties, dressed in a dark suit that contrasted with the warm and colorful atmosphere of Guanajuato.

"Good afternoon, Miss Natalia," he said in a deep and measured voice. "I've heard of your work, and I would like to commission a portrait."

Natalia invited him in. As he walked around the studio, admiring the paintings on the walls, she couldn't shake the feeling of unease. There was something about his presence—a mix of authority and mystery—that made her hesitate.

"Do you have a specific style or theme in mind?" she asked, trying to sound professional.

"I just want it to be true to your style," he replied with a barely perceptible smile. "I want you to paint what you see in me."

The following day, Señor Ruiz arrived punctually for his sitting. Natalia seated him in front of the large window in the studio, where the light of the setting sun illuminated his face.

As she worked, Natalia tried to focus on the details: the shape of his eyes, the line of his jaw, the texture of his skin. But something about him distracted her. Every brushstroke seemed to take her further than the surface, revealing fragments of a hidden story.

As the days passed, the portrait began to take shape, and with it, an unease grew in Natalia's heart. The image on the canvas was not simply of an elegant man; there was something dark, like a shadow clinging to his figure.

One night, unable to sleep, Natalia sat in front of the portrait, studying it intently. His eyes seemed alive, almost as if they were watching her.

Then, suddenly, she noticed something she hadn't seen before: in the background of the painting, among the brushstrokes that represented a dark wall, appeared a figure. It was the silhouette of a woman, her face blurred, but with an unmistakable expression of pain.

Natalia recoiled, her heart racing. How had that image appeared on the canvas? She hadn't consciously painted it.

She decided to investigate. The next day, she discreetly asked around the village about Señor Ruiz. It wasn't easy; the man seemed to be unknown to most. But eventually, an elderly woman selling flowers at the market gave her a clue.

"That man... I saw him once in the neighboring city. They say his wife disappeared years ago, and that he was involved, but nothing was ever proven."

Natalia didn't know what to do. She felt that the portrait held a truth that needed to be revealed, but she feared the consequences.

When Señor Ruiz came to see the final result, Natalia greeted him with a mixture of nervousness and determination.

"Here is your portrait," she said, turning the easel to show him the painting.

For a moment, Señor Ruiz remained silent. His eyes scanned the image, stopping at the figure of the woman in the background.

"What does this mean?" he asked, his tone mixing disbelief with threat.

"You should ask yourself that," Natalia replied, trying to remain calm.

He took a step toward her, but Natalia didn't retreat.

"You asked me to paint what I see, and this is what I saw. I can't explain more."

Señor Ruiz pressed his lips together, took the painting, and left without saying a word.

In the days that followed, Natalia felt that something in the atmosphere had shifted. Some people began to avoid her, as if they feared that her gift could expose their secrets too.

However, she also received visits from those who wanted to confront their own truth, even if they were terrified of what the portrait might reveal.

As for Señor Ruiz, she never heard from him again. Some said he had left the town for good; others said he had been arrested elsewhere for crimes that had finally come to light.

Natalia continued painting, though with more care in accepting commissions. She knew that her gift was not only a talent but also a responsibility—a window into truths that sometimes were better left unseen.

Every time she finished a painting, she wondered what else art could reveal, not only about others but about herself. And although the answer frightened her, she knew she could never stop painting.